solo DETALLES

LA HABANA · ARQUITECTURA · ESCULTURA

TEXTOS Y EDICIÓN

FERNANDO LÓPEZ

FOTOGRAFÍAS

LIBORIO NOVAL
JULIO LARRAMENDI

GRETA
EDITORES

2004

PRÓLOGO
Eusebio Leal Spengler

DISEÑO, MAQUETACIÓN
Y RETOQUE FOTOGRÁFICO:
Pepe Nieto

PROCESAMIENTO DIGITAL:
Noemí Díaz Vilches
Odalys García García
Lismayda Martínez Águila

REVISIÓN Y EDICIÓN:
Josefina Ezpeleta Laplace

DIRECCIÓN EDITORIAL:
Julio A. Larramendi Joa

Greta Editores
Plaza Mayor 24, Verdú
CP 25340, Lleida. España
gretaeditores@hotmail.com
www.gretaeditores.com

IMPRESO POR:
Escandón Impresores,
Sevilla, España

He aquí:
mirar, ver, observar,
distinguir, inventar, crear.

Le Corbusier

Muchos son los que miran
y pocos los que ven.

Henry Cartier-Bresson

PRÓLOGO

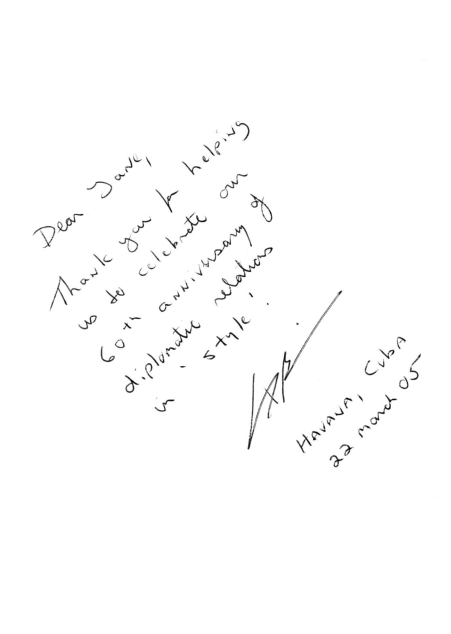

Dear Jane,

Thank you for helping us to celebrate our 60th anniversary of diplomatic relations in style!

Havana, Cuba
22 march 05

LA MAGIA REVELADA DE LA CUBANÍA

UNIDOS UNA VEZ MÁS, Liborio Noval
y Julio Larramendi, nos presentan en esta
oportunidad, detalles de la obra necesaria;
de la vida misma de ambos artistas que han
dejado para las generaciones futuras la intensa
vivencia de su tiempo, la poética del paisaje,
del hombre y la Revolución.

La imagen otorga una nueva dimensión
a la tarea de recopilación e indagación acerca
de nuestro patrimonio, llevada adelante con
perseverancia y creatividad por el arquitecto
Fernando López Castañeda, quien,
sin proponérselo previamente, ha venido a ser
el legatario de estos grandes propósitos.

En ese contexto, aparece como trasfondo del
poderoso testimonio, la ciudad de La Habana,
capital de la Isla, plaza y tribuna del gran
proyecto social que a lo largo de más de cuatro
décadas, ha mantenido en vilo al mundo.

La urbe, con su hechizo inexplicable, con su
insólita amalgama de estilos, emerge bajo el velo
y las pátinas del tiempo, con una fuerza tal que
es capaz de sobreponerse al desamor o al olvido.

Tiene el arte de la fotografía esa rara virtud.
Pero ella, como las armas del soldado, el pincel
del artista o la pluma del escritor, no anticipa
éxito alguno al que observa a través del lente,

por el solo lujo o complejidad del medio.
El fotógrafo no nos revelaría la magia que nos
circunda si "viendo no ve y oyendo no escucha".
Así, la sentencia bíblica renueva la convicción
de que nuestros amigos Liborio y Larramendi,
conocen de esa verdad incontrastable que
garantiza las claves del éxito de una instantánea.
Se requiere el artista.

Acostumbrados por ellos a su oficio —el arte
de plasmar el inmenso acontecimiento social
que la Revolución supone—, esta incisión en
el detalle mínimo y en la belleza de las formas
arquitectónicas de la capital de la Isla, nos
deja el palpable recuerdo de una vocación de
cubanía absoluta.

Tengo la certeza de que con este muestrario,
los autores de *Solo detalles*, ofrecen una
contribución sustancial a la creciente inquietud
por la preservación del legado patrimonial de
la urbe habanera. En definitiva, la ciudad no es
otra cosa que uno de los perfiles más hermosos
del rostro de Cuba.

EUSEBIO LEAL SPENGLER

PRESENTACIÓN

LA HABANA, anclada en el mar y punto de reunión entre América y España, fue fundada a la sombra de una frondosa y acogedora ceiba devenida uno de sus símbolos más preciados. Colonia pobre que fue haciéndose rica y deseable, ciudad de contrastes, vieja villa mestiza de blancos y negros, colonialistas y criollos, poderosos y esclavos, dulcemente barroca, llamada Llave y Antemural del Nuevo Mundo.

Esta Habana nos convoca a conocer sus grandes fortalezas, levantadas para defenderla de corsarios y piratas, sus casonas con techos moriscos que han perdurado durante más de dos siglos o sencillas viviendas abiertas al sol y a la brisa, monumentales palacios de gobierno de sobria expresión lineal, teatros por donde desfilaron los mejores artistas de su época, iglesias marcando con sus campanas el lento acontecer diario, portales por los que se podía transitar a la sombra, rejas elaboradas hasta su mimetismo en encaje, guardavecinos, portafaroles y lucetas cuajadas de gracia y color.

Y nuevos barrios que fueron creciendo y creciendo abiertos a otras épocas y estilos, con suntuosas mansiones, grandes hoteles, compactos edificios de hormigón armado exentos de decoración, y al final, cementerio para el eterno descanso, profusamente orlado de mármoles y estatuaria.

Encanto múltiple y renovado a pesar de la huella imperecedera del tiempo y de los hombres, con arrugas y cicatrices algunas ya sabiamente sanadas, que le valieron al recinto enmarcado por sus antiguas murallas la categoría de Patrimonio de la Humanidad.

Ahora en *Solo detalles* miramos y vemos más, descubrimos aquello que pasa a simple vista dentro de la opulencia omnipresente de la obra total y que sin embargo tiene también su propia expresión llena de gracia y encanto.

Solo y algunos detalles, no ceñidos a época o estilo, de una vasta y rica colección pública que puede ampliarse a voluntad siempre que nos dispongamos a andar y desandar tantas veces esta hermosa y querida ciudad.

Detalles que se revelan apresados y acercados sabiamente, que hablan con textura palpable y efectos de luz atrapados en solo un instante. Sedimento de generaciones que han ido aportando su huella con el trabajo oculto de tantos y tantos artífices que nunca veremos y que quisiéramos conocer.

FERNANDO LÓPEZ CASTAÑEDA

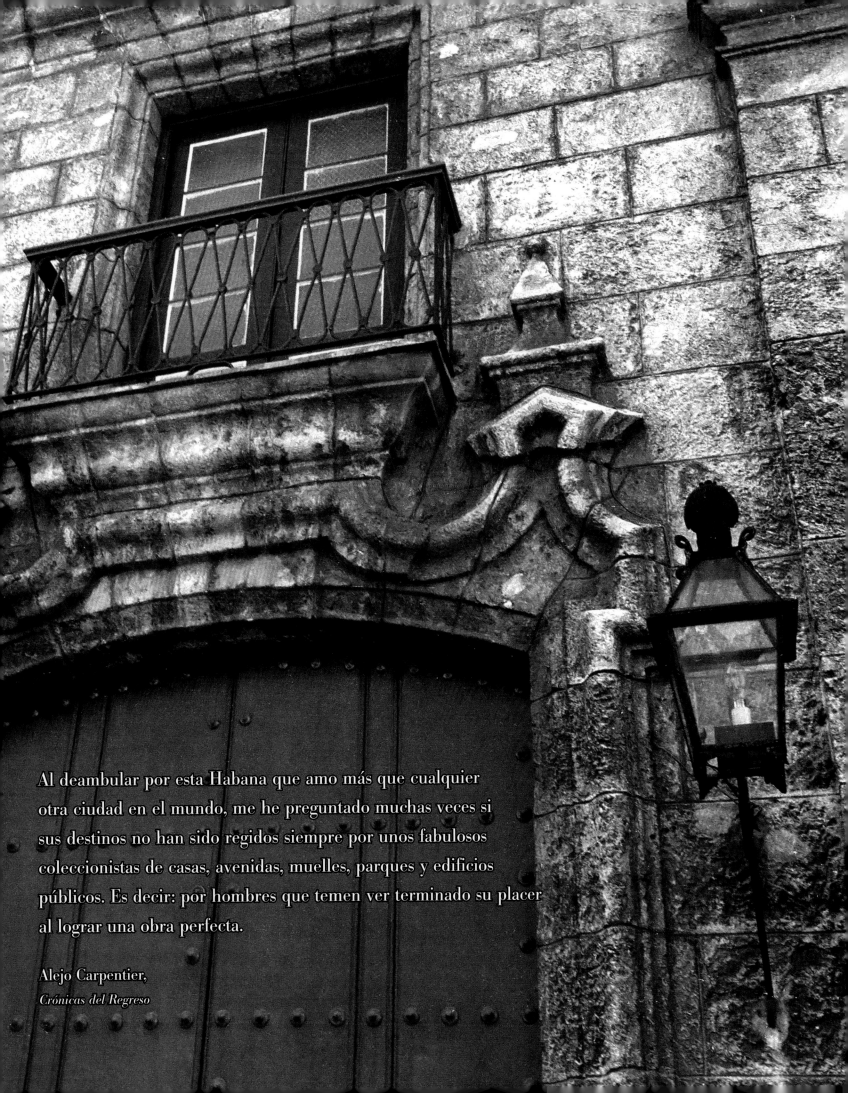

Al deambular por esta Habana que amo más que cualquier
otra ciudad en el mundo, me he preguntado muchas veces si
sus destinos no han sido regidos siempre por unos fabulosos
coleccionistas de casas, avenidas, muelles, parques y edificios
públicos. Es decir: por hombres que temen ver terminado su placer
al lograr una obra perfecta.

Alejo Carpentier,
Crónicas del Regreso

FORTALEZAS

PIEDRA SOBRE PIEDRA,
alzadas por manos esclavas,
formaron estos ya viejos muros.
Muros de defensa de vida
y hacienda nunca suficientes
ante las incursiones de
depredadores de todo tipo.

Construcciones tradicionales
y emblemáticas que fueron
perfeccionándose entre
discrepancias, querellas,
falta de dinero o de mano
de obra durante tres siglos,
hasta hacer de La Habana,
con la construcción
de la fortaleza de San Carlos
de La Cabaña y después
de su toma por los ingleses,
un bastión militar inexpugnable;
el más formidable sistema
defensivo en Iberoamérica.

12

8

Se dice que el Rey al enterarse de la cuantiosa inversión, había pedido "un anteojo para ver desde Madrid tan grande obra".

Citado por Joaquín Weiss, en *La arquitectura colonial cubana*

7

9

10

15

17

15

16

17

TECHOS, LÁMPARAS

EL TECHO NATURAL
de guano, herencia aborigen,
fue sustituido por una recia
estructura de madera elaborada
por los alarifes de la Metrópoli,
de influencia morisca y escasa
decoración, hasta que la
cubierta plana aparece con
falso techo o cielo raso de yeso,
que en las grandes mansiones
se enriquece con pinturas
formadas por recuadros,
medallones, guirnaldas
y figuras de inspiración clásica.

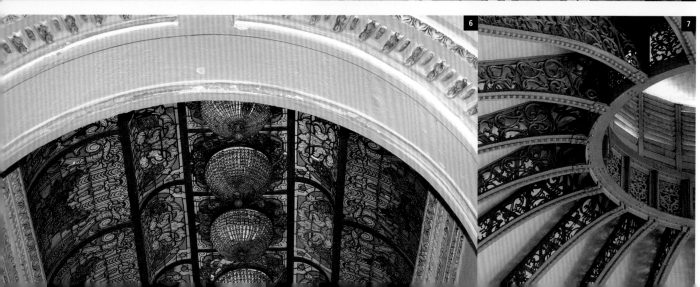

21

13

14

15

16

17

18

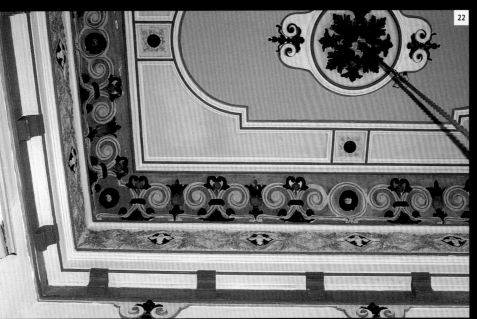

23

24

25

26

27

Tengo el impuro tacto de las ciudades, y a este sol que ilumina las ciudades/ prefiero yo del gas las tinieblas.   *Julián del Casal*

COLUMNAS, PORTALES

LA PROFUSIÓN DE COLUMNAS de todo tipo otorga un carácter especial
a La Habana, bautizada por Alejo Carpentier como "la ciudad de las columnas",
haciéndola aún más acogedora y familiar. Donde el antaño patio interior
se vuelca al exterior, cuando las columnas se alían en espacio público en sombra,
y el portal se antepone a la construcción, se une con el otro y llega a formar
un corredor cubierto.

1

3

4

5

6

29

"Roma, y aún Atenas, volcaron sobre nosotros sus columnatas y sus frontones, más o menos alterados en carácter por la distancia que nos separaba de la Madre Patria, vehículo inmediato de dichas influencias."

Joaquín Weiss, *Medio siglo de arquitectura cubana*

20

21

22

23

24

25

30

31

1

REJAS, GUARDACANTONES, GUARDAVECINOS, PORTAFAROLES Y FAROLES

CON EL DOMINIO de la forja
y de la fundición, el hierro
pierde su dureza, se transforma,
se desdobla, se retuerce
en derroche de fantasía,
convirtiendo la necesidad
en ornamento.

Rejas, guardacantones,
guardavecinos,
portafaroles y faroles
aportan gracia
y encanto
a la casa,
al palacio,
a la quinta,
a la calle.

2

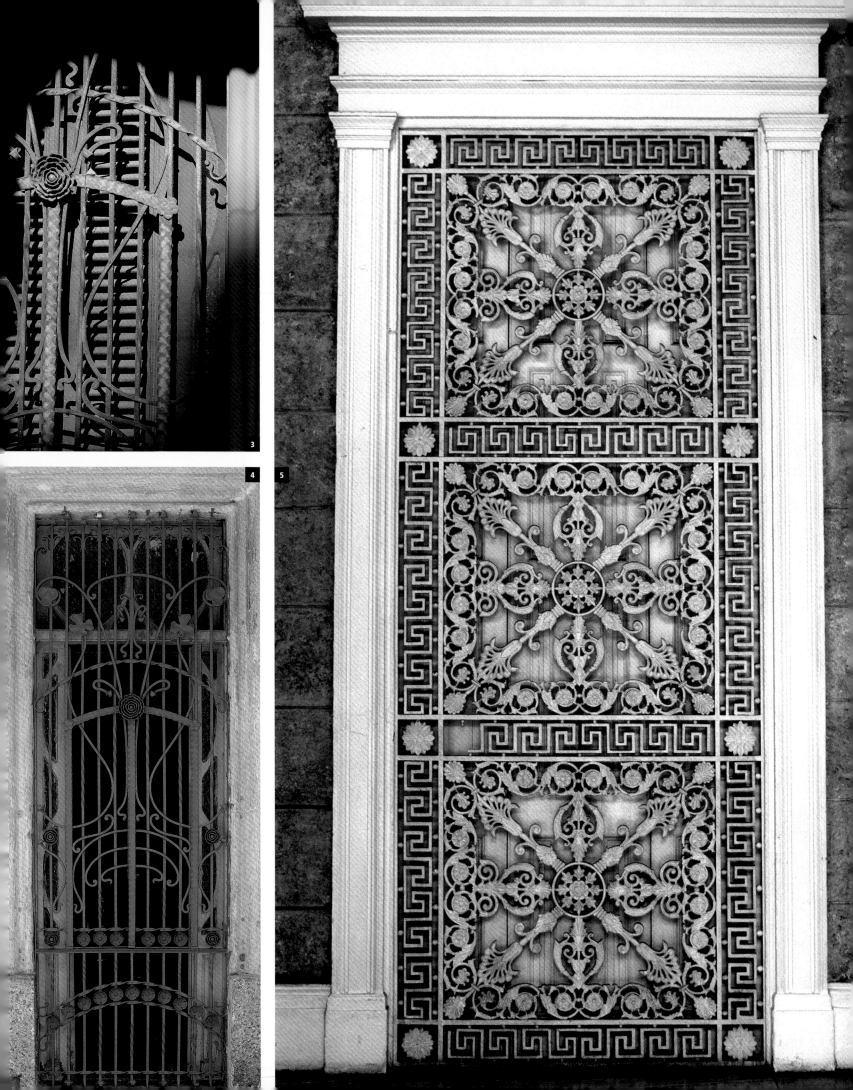

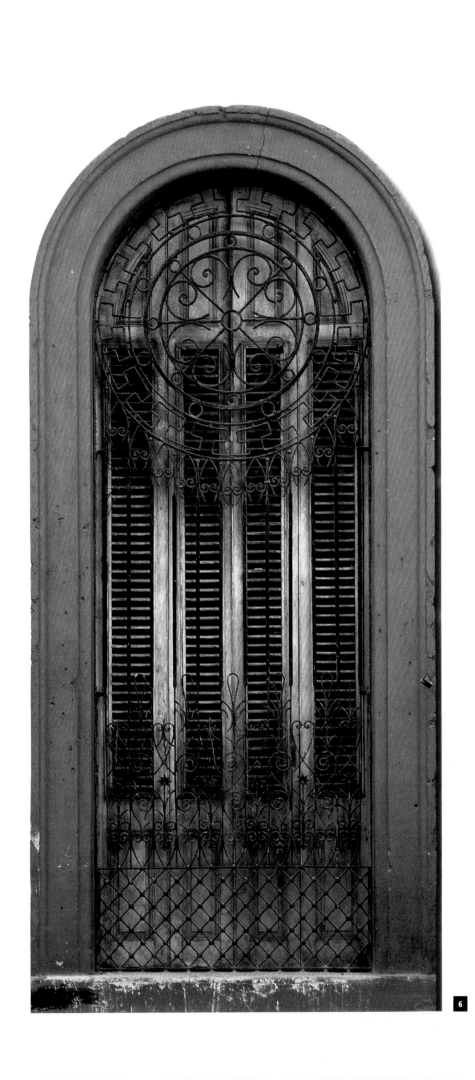

44

10

11

12

46

"lo peculiar es que esa reja
sabe enderezarse en todos
los peldaños de la escala
arquitectónico-social
(palacio, cuartería, residencia,
solar, covacha) sin perder una
gracia que le es propia, y que
puede manifestarse, de modo
inesperado, en una sola voluta
de forja que cierra el rastrillo
de una puerta de pobrísima
y despintada tabla."

Alejo Carpentier,
La ciudad de las columnas

19

18

Guardacantón grande, fuerte, bravucón

27

28

30

31

32

33

34

35

36

38

39

40

41

44

45

46

47

48

49

ALDABAS, PUERTAS, MAMPARAS

2

EL ALTO PUNTAL y el simple juego de líneas que avanzan y retroceden, dan el carácter distintivo a las portadas más antiguas, que enmarcan la ancha puerta de gruesas tablas fijadas con clavos de hierro o bronce, por donde debía pasar el carruaje, sin faltar la cerradura de enormes llaves y el gracioso llamador a golpes.

Posteriormente la puerta pierde su lisura, se libera de sus clavos y se enriquece con elaborados diseños, y en los interiores se une a otra más pequeña y frágil, la mampara, que cierra y no cierra, o cierra a medias, con vidrios opacos, también decorados en polícromas calcomanías.

A otra puerta, fraile Andrés;
A otra puerta, que aquí no es.

Será antes o después,
será al fondo o al costado,
será en cualquier otro lado:
aquí no es.

A otra puerta, fraile Andrés.

Mirta Aguirre,
Juegos y Otros Poemas

62

7

8

9

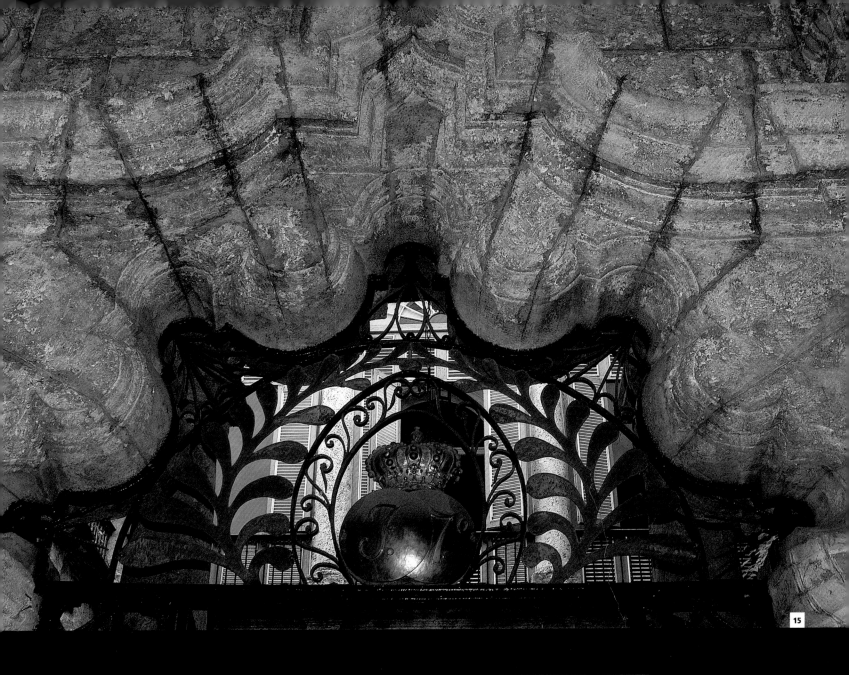

15

16

17

18

19

20

21

22

23

24

25

26

28

27

70

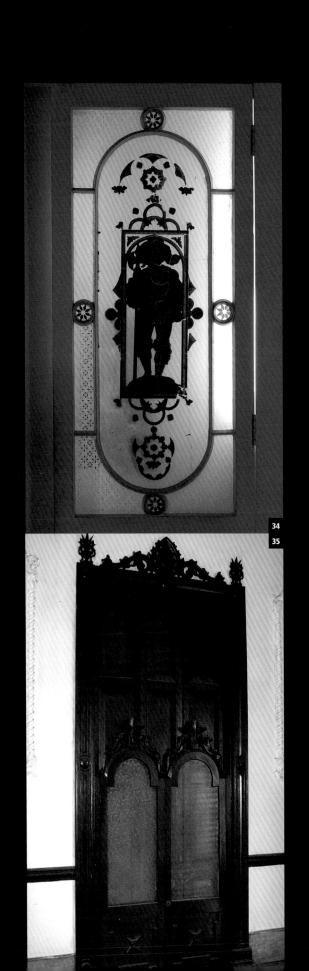

34
35

36

37

38

BALCONES

VENTANA ABIERTA hacia
la calle; el balcón nos exhibe
como en vidriera, nos hace
hablar a gritos, nos priva
del encierro, nos trae un poco
de verdor y nos vuelca hacia
el vecino: el de enfrente,
el del costado, o al transeúnte
amigo. Y también muestra
desenfadado la ropa acabada
de lavar que ondea multicolor
a la brisa.

10

11

12

13

14

15

16
17

18

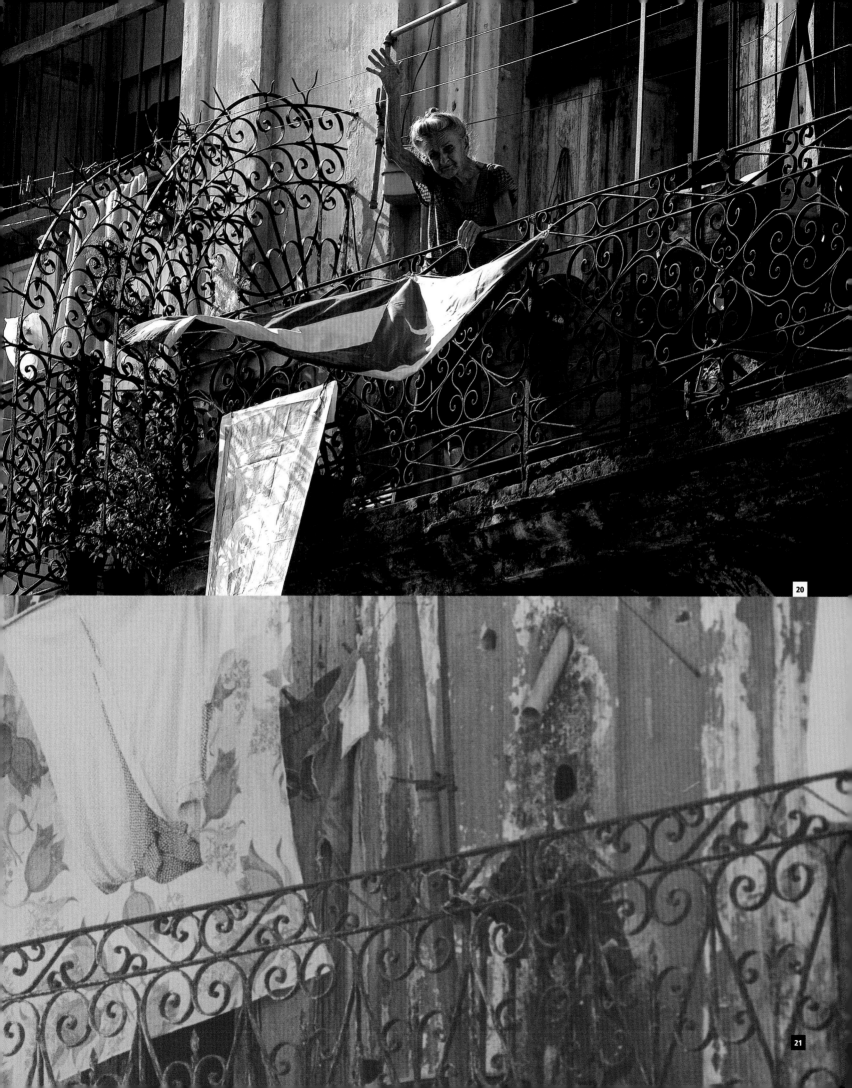

ESCALERAS

PELDAÑOS QUE SE REPITEN para subir o bajar, para comunicar calles, para llegar a los altos o a los bajos, para ver desde aquí o desde allá, para descansar en banco prestado: de madera, de piedra o mármol, cerradas en sí mismas o en amplias cajas escenográficas para exhibirlas como centro focal.

83

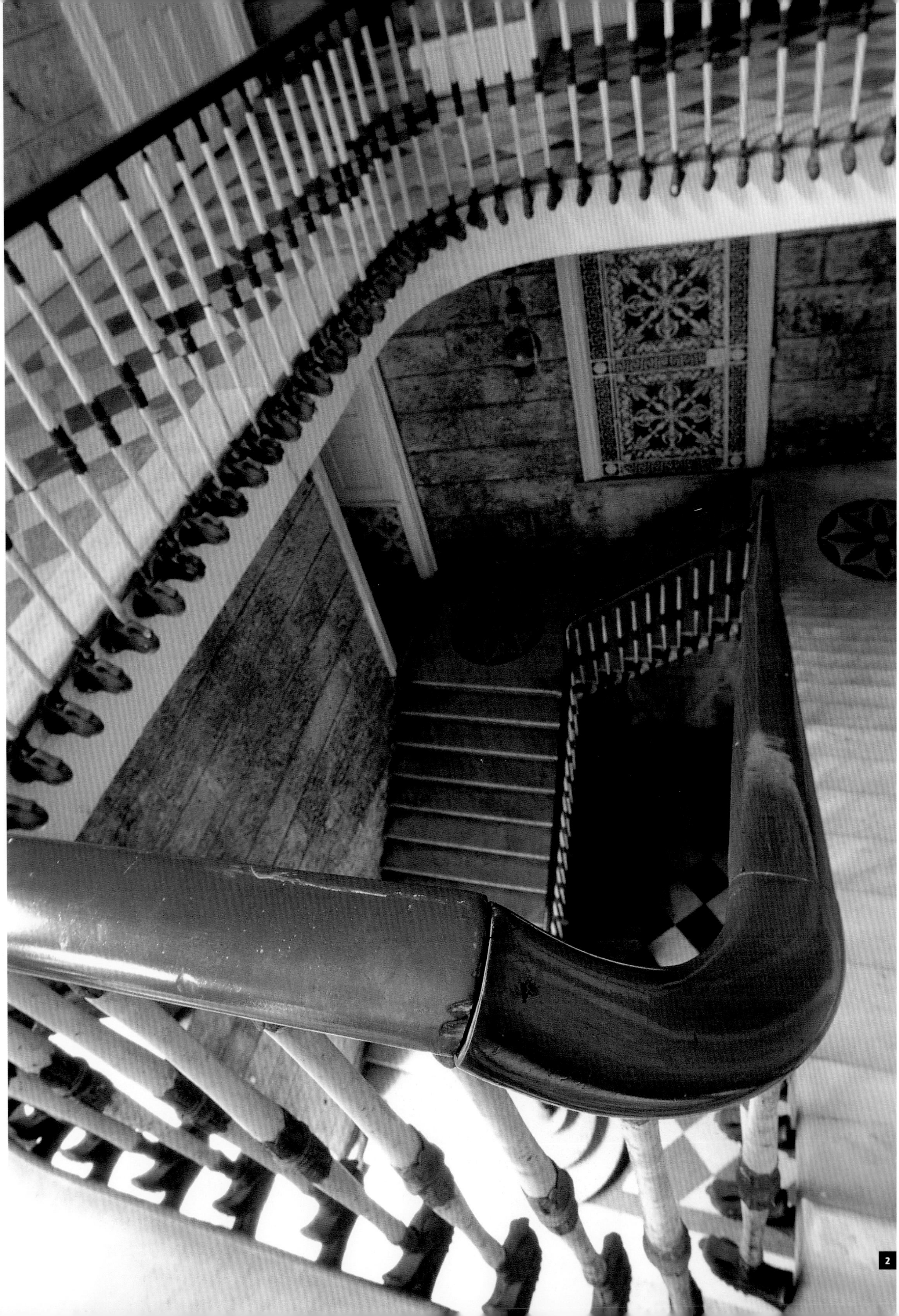

2

7　8

9

LA PERSIANA FINA vino
a regular la entrada del aire,
pero además, se tamizó la
luz que nos abraza en bellos
colores al crear la luceta
—símbolo de la época colonial—,
formada de simples bellotes de
madera en forma de abanico
como soporte a cristales,
blancos, verdes, azules, rojos.
Frágil elemento que a pesar de
los años y el maltrato se resiste
a desaparecer.

Con el uso del cristal
emplomado se añaden desde
el siglo XX, vitrales decorativos
de grandes dimensiones, así
como dramáticas suntuosidades
de contenido religioso.

1

2

4

5

6

7

3

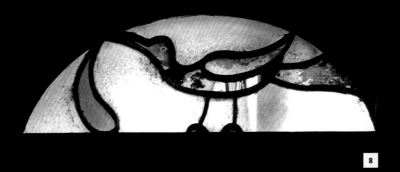

8

9

10

"Ni un gran vitral ni una sencilla luceta serán iguales en horas de la mañana que a pleno mediodía; ni lo serán, a la misma hora, en un día nublado y en otro de sol poderoso. La brillantez aumentará y disminuirá con la luz, aunque jamás se pierda del todo ni siquiera en la noche, a la claridad lunar o artificial."

Yolanda Aguirre, *Vidriería cubana*

93

15

16

17

18

19
20

27

28

29

30

31

32

34

35

36

39

40

41

42   43

48

ORNAMENTOS

ORNAMENTOS Y MÁS ORNAMENTOS,
tomados de este o aquel estilo, en lenguaje
clásico académico, gótico, barroco, morisco,
art noveau o deco; volcados en figuras, cornisas,
pretiles, zócalos y guarniciones de elaborada
y precisa talla en piedra, cerámica vidriada,
o también en elementos seriados de los talleres
de fundición de la piedra artificial.

Mezcla ingenua y desenfadada que preconiza
el advenimiento de la arquitectura
contemporánea, limpia, pura,
cúbica, libre de ornamentos.

2

Expresión cromática de rica sensualidad, de lo mejor del Art Deco, que pasa inadvertida al hombre de la calle y curiosamente solo puede apreciarse desde la azotea de enfrente.

6

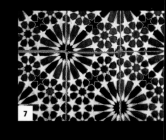

7

8

9

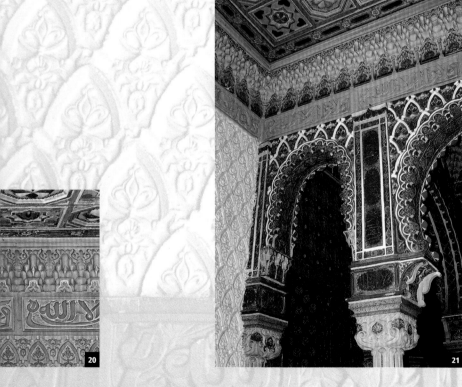

24

25

26

27

33

34

35

36

54

55

56

120

57

58

59

60

61

62

63

64

65

66

67

68

Figura sedente de piedra
en su naturaleza sin vida
que solo mira sin ver.

69

70

71

72

73

74

124

75 76

78

77 79

126

80

81

82

83 84

85

MONUMENTOS Y TARJAS

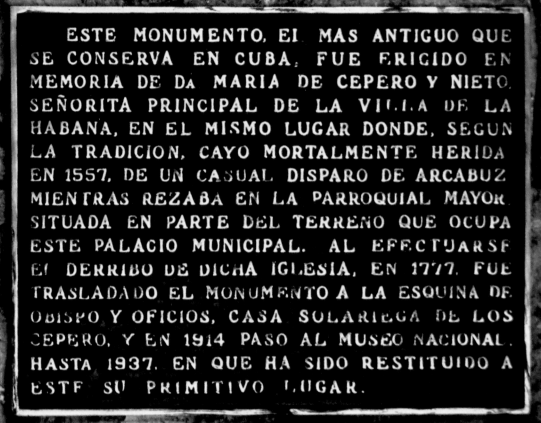

ESTE MONUMENTO, EL MAS ANTIGUO QUE SE CONSERVA EN CUBA, FUE ERIGIDO EN MEMORIA DE Da MARIA DE CEPERO Y NIETO, SEÑORITA PRINCIPAL DE LA VILLA DE LA HABANA, EN EL MISMO LUGAR DONDE, SEGUN LA TRADICION, CAYO MORTALMENTE HERIDA EN 1557, DE UN CASUAL DISPARO DE ARCABUZ MIENTRAS REZABA EN LA PARROQUIAL MAYOR, SITUADA EN PARTE DEL TERRENO QUE OCUPA ESTE PALACIO MUNICIPAL. AL EFECTUARSE EL DERRIBO DE DICHA IGLESIA, EN 1777, FUE TRASLADADO EL MONUMENTO A LA ESQUINA DE OBISPO Y OFICIOS, CASA SOLARIEGA DE LOS CEPERO, Y EN 1914 PASO AL MUSEO NACIONAL, HASTA 1937, EN QUE HA SIDO RESTITUIDO A ESTE SU PRIMITIVO LUGAR.

FIGURAS INMÓVILES, moldeadas y plasmadas en materiales imperecederos. Bustos descansando sobre pedestales impersonales, simples tarjas. Afán justo de generaciones de inmortalizar próceres, personajes queridos, hechos o hazañas en lucha permanente contra el olvido.

Arte difícil este, el de guardar celosamente el fiel recuerdo y el apego a la raíz.

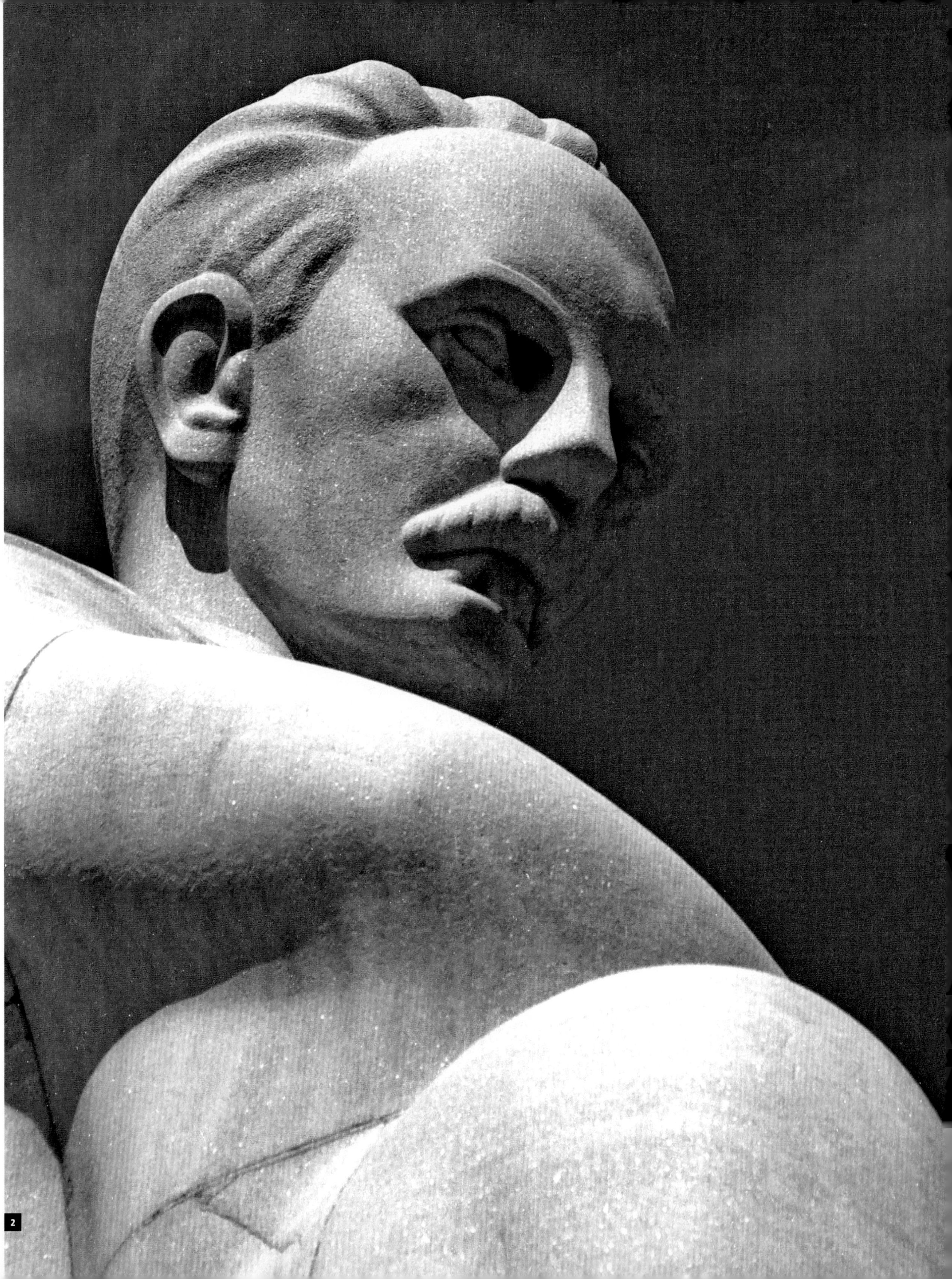

2

131

8

9

133

"Luchar por la revolución social
en la América no es una utopía de locos
o fanáticos, es luchar por el próximo
paso de avance en la historia."

Julio Antonio Mella

136

22

23

No busques volando inquieta
mi tumba obscura y secreta
golondrina ¿no lo ves?
en la tumba del poeta
no hay un sauce ni un ciprés!

Juan Clemente Zenea,
"Diario de un mártir. XVI"

"La vida es un combate, acéptalo
la vida es una tragedia, véncela
la vida es una aventura, arróstrala
la vida es felicidad, merécela
la vida es vida, defiéndela."

Madre Teresa de Calcuta

139

26

Dirán que soy un soñador
pero no soy el único
John Lennon

27

EN CAPILLA ARDIENTE EN EL AYUNTAMIENTO DE LA HABANA Y ENTIERRO PRESIDI
POR EL GOBERNADOR GENERAL BROOKS REPRESENTANDO AL PRESIDENTE McK
SIN TROPAS CUBANAS PERO CON INMENSO PUEBLO HASTA EL CEMENTERIO DE C

34

EN ESTA CASA
ALEJO CARPENTIER
SITUO EL ESCENARIO
HABANERO DE SU NOVELA
EL SIGLO DE LAS LUCES

35

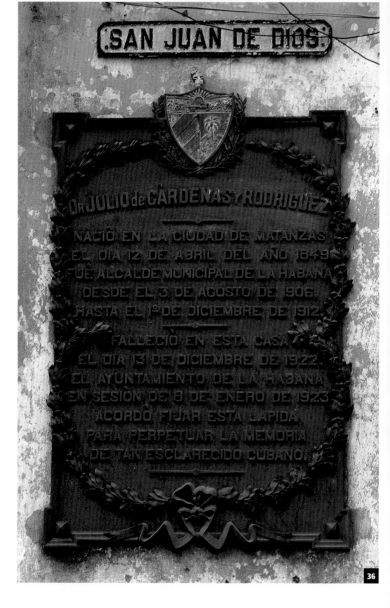

Dr. JULIO de CARDENAS y RODRIGUEZ

NACIÓ EN LA CIUDAD DE MATANZAS
EL DIA 12 DE ABRIL DEL AÑO 1849
FUE ALCALDE MUNICIPAL DE LA HABANA
DESDE EL 3 DE AGOSTO DE 1906
HASTA EL 1º DE DICIEMBRE DE 1912

FALLECIÓ EN ESTA CASA
EL DIA 13 DE DICIEMBRE DE 1922
EL AYUNTAMIENTO DE LA HABANA
EN SESIÓN DE 8 DE ENERO DE 1923
ACORDO FIJAR ESTA LAPIDA
PARA PERPETUAR LA MEMORIA
DE TAN ESCLARECIDO CUBANO.

36

DIA 4 DE OCTVBRE SE PV SO LA
PRIMERA PIEDRA DE ESTE SAN
TO TENPLO Y VE SV PADRINO
EL ESELENTISIMO S. D.J
FRANCO DE OVE MES Y hoy
CASITAS TENIENTE GENERAL
EN DOMINISTYODE ESTA TEY
SEY AOT DE NELS D MIGVEL
ESCASTIO I PALOMINO AÑO D.T 13

37

38

D. FRANCISCO DE VILLAR Y SUTER
DIVINA RELIGION CON SANTO ANHELO
EN EL TRANCE FATAL VALOR ME HA DADO,
Y LA MUERTE, TERROR PARA EL MALVADO,
FUE PARA MI DULCISIMO CONSUELO.

39

REINANDO ISABEL 2ª
Y SIENDO CAPITAN GENERAL EL
ESCMO SOR CONDE DE ALCOY
SE PRINCIPIO ESTA OBRA EN 1849
Y SE CONCLUYO SIENDO CAPITAN GENERAL EL
ESCMO SOR D. JOSÉ GUTIERREZ DE LA CONCHA
EN 1851

40

EN ESTA ACERA DEL LOUVRE, EL 27 DE NOVIEMBRE DE 1871,
SIENDO CAPITAN DEL EJERCITO ESPAÑOL, DIO EJEMPLO EXCEP-
CIONAL DE DIGNIDAD, VALOR Y CIVISMO, AL PROTESTAR PUBLICA-
MENTE CONTRA EL FUSILAMIENTO DE LOS OCHO INOCENTES
ESTUDIANTES CUBANOS INMOLADOS AQUEL DIA POR LOS VOLUN-
TARIOS ESPAÑOLES DE LA HABANA. ABANDONO LA ISLA, RENUNCIO
A SU CARRERA, SE NEGO A REINGRESAR EN LA MILICIA; FUE EN
TIEMPOS DE LA PRIMERA REPUBLICA ESPAÑOLA, DIPUTADO Y
MINISTRO DE LA GUERRA; Y JAMAS SE ARREPINTIO DE AQUELLA
SU NOBILISIMA ACTITUD, PUES PARA EL "ANTES QUE LA
PATRIA ESTAN LA HUMANIDAD Y LA JUSTICIA". CUBANOS Y
ESPAÑOLES OFRENDAN A LA MEMORIA DEL ESCLARECIDO REPU-
BLICO, HIJO DE LAS ISLAS CANARIAS, ESTE HOMENAJE, EN TES-
TIMONIO DE RESPETO Y ADMIRACION, A 27 DE NOVIEMBRE DE 1937.

ICOLAS ESTEVANEZ
1838 - 1914

41

ESTE MONUMENTO
ES ERIGIDO
A LA MEMORIA
DE LOS CHINOS
QUE COMBATIERON
POR LA
INDEPENDENCIA
DE CUBA

10 DE OCTUBRE DE 1931

古巴旅華僑
古巴獨立紀功協助
碑助

42

REPUBLICA DE CUBA.

AÑO DE 1946.

43

DR. JORGE RAMON CUEVAS
30 - III - 1941
2 - VIII - 2000
DE "Pro - NATURALEZA"

44

ASOCIACION
"POR MARTI"
1900

JOSÉ MARTÍ
NACIÓ EN ESTA CASA
EL DIA 28 DE ENERO DE 1853.
HOMENAJE
DE LA EMIGRACIÓN DE CAYO HUESO.

45

PIES
Y MANOS

MANOS QUE SE ELEVAN, piden, imploran
o exigen. Pies que llevan a la acción o al reposo.
Pies y manos que marcan una época, refuerzan
una actitud o un movimiento y nos hacen
acercar nuestra mirada acuciosa para descubrir
textura, fuerza, vitalidad, mano de artista.

4

5

6

7

3

8

9

10

11

12

13

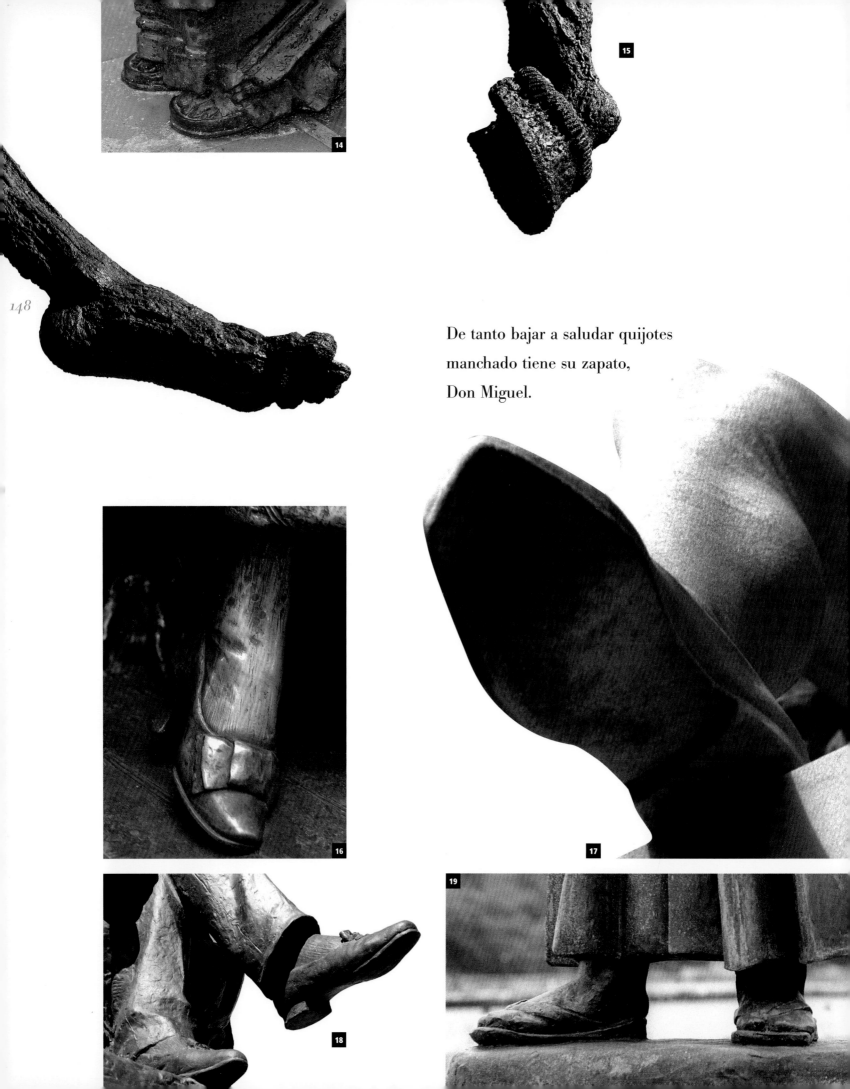

De tanto bajar a saludar quijotes
manchado tiene su zapato,
Don Miguel.

20 21

22 23

24

25

ESCULTURAS

2

LA FANTASÍA de la escultura,
liberada de su ineludible
compromiso histórico
y monumental, da rienda suelta
a la imaginación más
desbordada en expresión
y forma, integrándose a la
arquitectura como su debido
complemento en parques,
jardines o espacios cerrados.

Corredor exhausto y caído,
bailarina española de mantón
y peineta, giraldilla enhiesta
y vigilante, león rugiente para
defender un paseo acogedor
de sombra, guerrero de casco
y escudo, joven corneta,
figura retorcida de dolor,
dios mitológico manchado de
tiempo, peces brotados del
agua, violinista iluminado,
móviles contemporáneos,
mascarones de boca abierta
y sirena desafiante al viejo
pudor.

3

4

5

6

7

8

16

¿Por qué, Señora
el aire, el desafío,
pierna y botín robustos
y pecho de paloma?
¿Por qué, conquistadora,
sobre los raros farallones
de desiguales ángulos
te empinas, desdeñando
abajo el foso oscuro de las aguas?

Fina García Marruz, "La noble Habana"

21

22

23

24

25

26

158

Mirad la Habana allí color de nieve,
gentil indiana de estructura fina,
dominando una fuente cristalina,
sentada en trono de alabastro breve.

Gabriel de la Concepción Valdés, *Plácido*,
"A la Fuente de la India Habana"

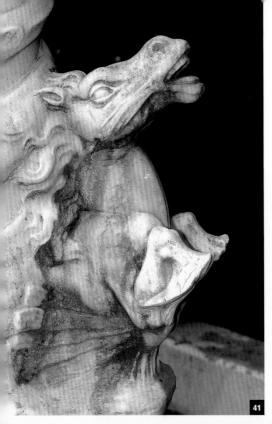

41

42

43

44

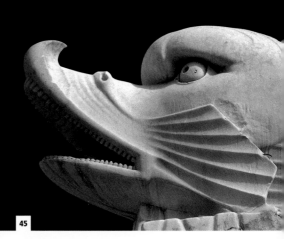

45

46

47

48

49 50

51

52

54

55

56

53

EL TIEMPO

AL IGUAL QUE el hombre envejece, su ámbito artificial también decae. Aquello que un día tuvo vida, expresión propia, puede llegar a ser solo recuerdo, desgaste, destrucción.

Con el transcurso inexorable del tiempo se crea una nueva forma expresiva no exenta de belleza, donde la naturaleza lucha por recuperar el espacio ancestral que le fue usurpado.

2

El tiempo, el implacable, el que pasó.

Pablo Milanés

72

14

15

16

17

18

173

19

LOS DOGMAS Y LA LITURGIA CATÓLICA, firmemente mantenidos por los colonizadores, fueron mezclándose lentamente con las leyendas y ritos de los esclavos africanos, fundiéndose en un sincretismo que continua vivo, en una fe divina de santos y orishas, unidos en la plegaria y la esperanza de encontrar alivio a lo terreno, en las disímiles épocas y disímiles vidas del cubano.

1

RELIGIÓN

176

178

9 10

180

16

17

18

19

20

181

21

22

23

24

25

26

27 28

29

30

183

brujo mata brujo

candela infierno no quema diablo

Museo de las Religiones Populares
Casa del Caribe

CEMENTERIO

LA CONSTRUCCIÓN del Cementerio Cristóbal Colón, Monumento Nacional que vino a sustituir al primitivo Cementerio Espada, comenzó con buenos augurios ya que su proyecto fue sacado a concurso en 1820.

El arquitecto español Calixto de Loira fue el ganador y autor de la portada románico-bizantina de carácter severo que compite con las mejores de su clase en todo el mundo, rematada por el grupo escultórico "Fe, Esperanza y Caridad" del escultor cubano José Vilalta de Saavedra, autor también del monumento a José Martí erigido en el Parque Central.

El cementerio alcanzó su mayor auge constructivo en la primera mitad del siglo XX. Ostenta sepulcros relevantes de variados estilos donde sobresalen panteones, conjuntos monumentarios y esculturas de afamados artistas, y también incontables y humildes epitafios sobre simples losas.

Pequeña ciudad de paz y silencio, de queridos recuerdos y mitos, rica en su tristeza, apacible y acogedora para los que aún no han traspasado su majestuosa portada.

¡Esa!... la que no llega, ni ha llegado,
ni llegará a los ojos nunca... ¡Nunca!
Mi lágrima tenaz que no ha mojado
el Sahara estéril de mi vida trunca.

Esa... no la verás, porque en la calma
de mis angustias, se ha trocado en perla.
Para verla hace falta tener alma;
Y tú, ¡no tienes alma para verla!

Hilarión Cabrisas, "La lágrima infinita"

7

No practiquemos el culto
    de los muertos,
¿Acaso podemos pedirles
que practiquen el culto
    de los vivos?
La comunicación
    se ha cortado:
ni nos hablan ni nos oyen.
Hablemos pues con los vivos.
Hasta que podamos.

Virgilio Piñera,
"Alocución contra los necrófilos"

8

9

10

11

12

194

14

15

16

17

18

19

20

196

R.I.G

1881

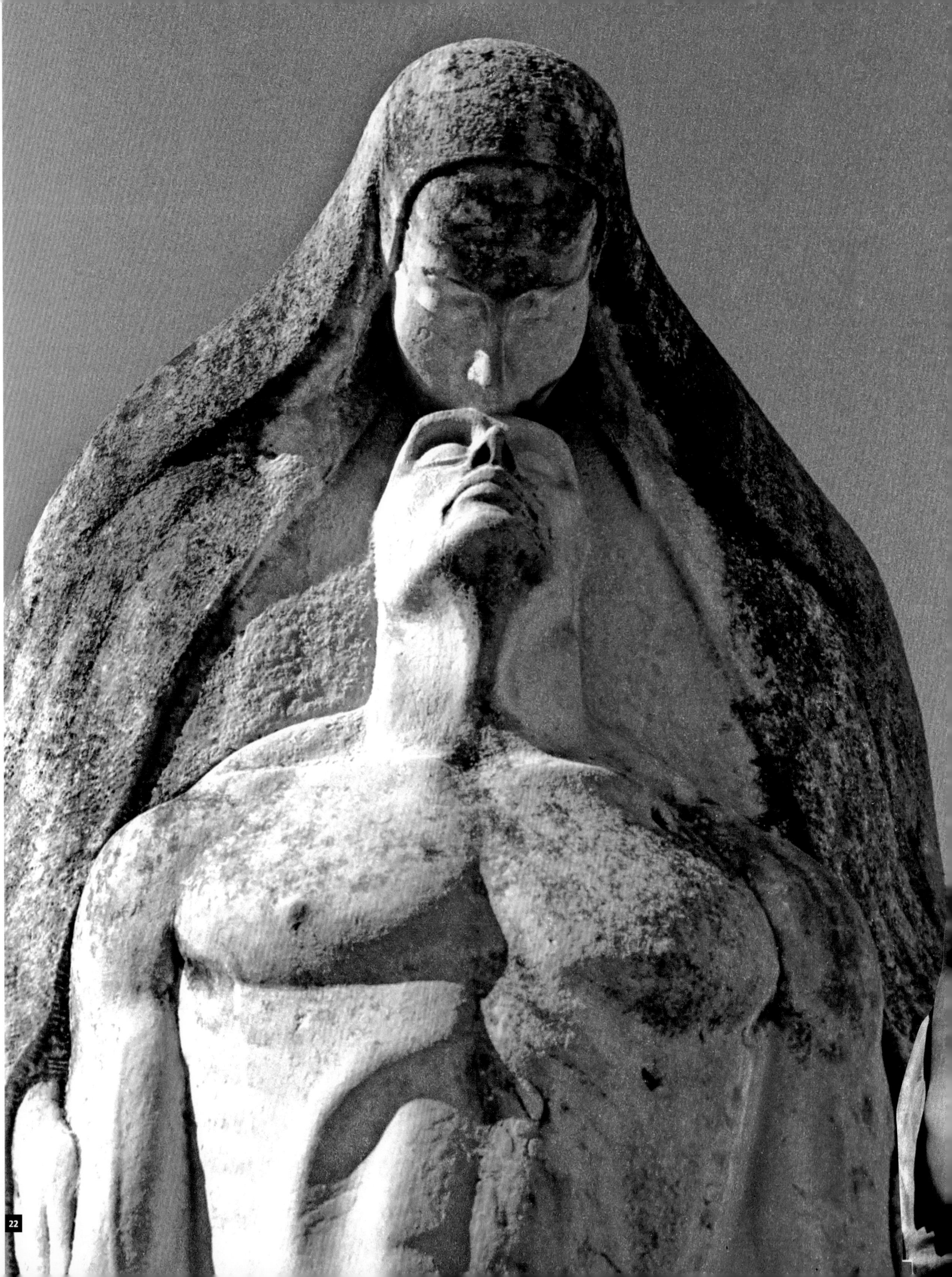

22

23

24
25

26

28

201

27

29

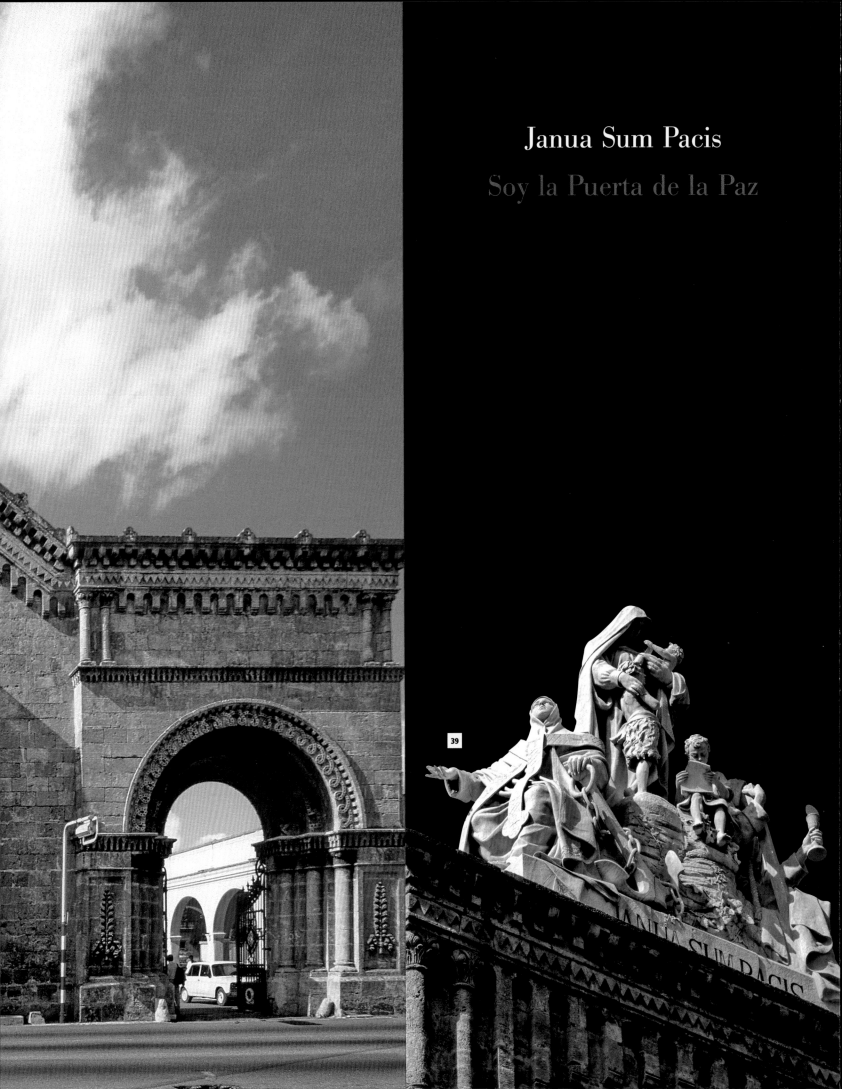

Janua Sum Pacis

Soy la Puerta de la Paz

40

41

42

208

45

46

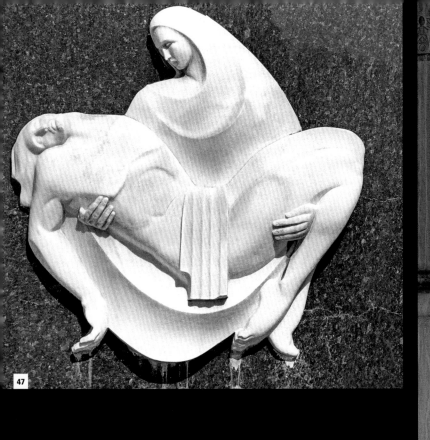

47

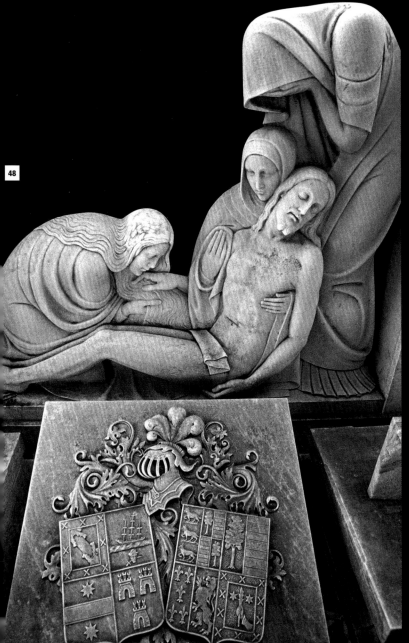

48

49

50

53

EL SEÑOR TE BENDIGA Y TE GUARDE
TE MUESTRE SU ROSTRO
TENGA MISERICORDIA DE TI
TE MIRE BENIGNAMENTE
Y CONCEDA LA PAZ
EL SEÑOR TE BENDIGA HERMAN

54

52

TV ADIVTOR FORTIS

55

56

57

58

59

60

61

LOS AUTORES

Fernando López

Nace en La Habana el 22 de septiembre de 1930. Graduado de Arquitecto en la Universidad de La Habana en 1961. Fundador y Secretario de la Comisión Nacional de Monumentos de 1963 a 1974. Representante de Cuba al Congreso Internacional de Restauración de Monumentos celebrado en Venecia en 1964.

Principales obras de restauración o remodelación: Iglesia de Santa María del Rosario, Castillo de la Real Fuerza, Círculo Social XX Aniversario en la antigua quinta de Rosalía Abreu, Casa Natal de Ignacio Agramonte, celdas que ocuparon los asaltantes al Moncada en el antiguo Presidio Modelo, Museo Numismático del Banco Nacional de Cuba, Casa de Línea 505 sede del Centro Latinoamericano de Creación e Investigación Teatral, Casa de la Amistad del ICAP, Museo de la Revolución.

Fue profesor adjunto de la Cátedra de Historia de la Arquitectura del Instituto Superior Politécnico José Antonio Echeverría, así como proyectista principal y director ejecutivo del Monumento a La Demajagua, y del equipo ganador del concurso Memorial a Julio Antonio Mella. Integrante del equipo de proyecto del Palacio de las Convenciones. Director y guionista del Espectáculo Mito de Danza y Tambor en la Plaza de la Catedral. Ganador junto al escultor Sergio Martínez del concurso del Monumento a Simón Bolívar y proyectista principal del de José Martí, en Quito, Ecuador.

Asesor del Complejo de Museos Históricos Militares. Presidente de la Sección de Diseño Ambiental de la Asociación de Artistas Plásticos de la UNEAC. Integrante del equipo de proyecto que obtuvo Mención Especial en el concurso a las Víctimas de la Reconcentración. Ganador junto al escultor Tomás Lara del concurso Conjunto Monumentario en homenaje a los Ejércitos Libertador y Rebelde. Premio y Mención con su equipo en Monumentaria del II Salón y II Simposio Arte y Arquitectura. Conservador y revisor técnico del libro La arquitectura colonial cubana de Joaquín E. Weiss en todas sus ediciones.

Ha visitado varios países, dictado conferencias, publicado artículos y participado en numerosos eventos sobre arquitectura colonial y restauración de monumentos. Es miembro de la Unión Nacional de Escritores y Artistas de Cuba (UNEAC) y de la Unión Nacional de Arquitectos e Ingenieros de la Construcción de Cuba (UNAICC).

Ostenta distinciones y reconocimientos entre los que se destacan:
· Distinción Servicio Distinguido a las FAR por la remodelación del Museo de la Revolución
· Medalla Armando Mestre.
· Distinción por 20 años de protección al patrimonio monumental.
· Hijo distinguido del Museo Municipal 10 de Octubre.
· Diploma de Honor de la Facultad de Arquitectura del ISPJAE.
· Diploma del Ministerio de la Construcción y de la UNAICC a los profesionales de la Construcción formados antes de 1959.
· Diploma de Profesional de Alto Nivel de la UNAICC.
· Distinción por la Cultura Nacional.
· Premio Nacional de Arquitectura 2003.

Liborio Noval

Nace en Ciudad de La Habana el 29 de enero de 1934. Comienza a trabajar como investigador de mercado en Publicitaria Siboney en 1952. En 1957 pasa al departamento de fotografía de esa agencia y trabaja como fotógrafo hasta 1960.

En enero de 1959 comienza como laboratorista en el periódico Revolución, pasando a fotógrafo en 1960. En este mismo año también trabaja en la revista INRA. Continúa en el periódico Revolución hasta el 3 de octubre de 1965, día en que fue fundado el periódico Granma, en el cual se mantuvo hasta enero del 2003.

Sus fotos ilustran libros y revistas, entre ellos: A pesar de…, Secretos de Generales, Instantáneas, 100 imágenes de la Revolución Cubana, El Che en la Revolución Cubana, 100 años de la fotografía cubana y El Che por los fotógrafos de la Revolución Cubana.

Ha obtenido 32 premios y menciones en concursos nacionales y 3 premios en concursos internacionales:
• Pravda 1963
• China, 3er. Premio, 1996.
• España, Acueducte 2000, 2do.
  Premio de Plata.
Y el premio Olorun cubano, del Fondo Cubano de la Imagen Fotográfica por la obra de la vida.

Ha viajado en función de trabajo a innumerables países, en muchos casos acompañando al Comandante en Jefe Fidel Castro.

Es fundador de la Unión de Periodistas de Cuba (UPEC) y de la Unión de Escritores y Artistas de Cuba. Es además miembro de la Organización Internacional de Periodistas y del Capítulo Cubano de la Organización Iberoamericana de Periodistas Especializados y Técnicos (AIPET).

Entre las múltiples distinciones recibidas, las más importantes son:
• Diploma Periodista Internacionalista, de la UPEC, año 1975.
• Sello Ho Chi Minh, República Democrática de Vietnam, año 1978.
• Réplica del machete de Máximo Gómez, del MINFAR, año 1987.
• Distinción Majadahonda 36, de la UNEAC, año 1992.
• Medalla Juan Gualberto Gómez, año 1995.
• Distinción por la Cultura Nacional, año 1997.
• Premio Nacional de Periodismo José Martí, año 2002.
• Medalla Alejo Carpentier, Ministerio de Cultura, año 2002.

Exposiciones Personales: 9
Exposiciones Colectivas: 31

Julio Larramendi

Nace el 25 de marzo de 1954 en la ciudad de Santiago de Cuba.

Se gradúa en 1975 de Técnico Medio en Química en la URSS. En 1980 se gradúa de Licenciado en Química en la Universidad de La Habana. Obtiene el título de Doctor en Ciencias Técnicas en 1994.

En 1975 comienza a trabajar en un laboratorio especializado en fotografía técnica y científica, dirigiéndolo desde 1983 hasta 1997.

Desde 1997 trabaja como freelance, y colabora con diversas publicaciones nacionales y extranjeras. Ha impartido conferencias, cursos básicos, de postgrado y talleres de fotografía, tanto en Cuba como en el extranjero.

Se han publicado 16 libros con sus imágenes, entre los que se destacan: Flora y fauna de Cuba, Biografía del tabaco, Trinidad, Varadero, Viñales, La Habana Vieja, Para no olvidar, La tierra más hermosa, 500 años de arquitectura en la sociedad cubana, La arquitectura colonial cubana (2da. edición), Las aves de Cuba, Anfibios y reptiles de Cuba, así como las guías turísticas de Cuba, de la Editorial SI-MAR.

También ha ilustrado carátulas de CDs de música cubana, los directorios telefónicos 2000/2003 y la mayoría de las tarjetas telefónicas prepagadas. En 1998 salió al mercado el CD 350 postales de Cuba, íntegramente realizado con sus imágenes

Es miembro de la Unión de Escritores y Artistas de Cuba, de la Unión de Periodistas de Cuba, de la Asociación Cubana de Comunicadores Sociales, de la Federación Internacional de Arte Fotográfico, preside la Cátedra de la Facultad de Fotografía Latinoamericana del Instituto Internacional de Periodismo, pertenece a la Sociedad Cubana de Zoología y es Investigador asociado del Museo Nacional de Historia Natural de Cuba.

En el año 2003 obtuvo los Premios Nacionales Espacio en Fotografía por Iconografía de Compay Segundo y en Campaña Publicitaria por Habaguanex S.A.

Fue escogido por la revista CUBA-FOTO entre los 100 mejores fotógrafos cubanos del siglo XX.

Ha participado como organizador y jurado en eventos y concursos internacionales de fotografía.

En noviembre del 2003 se inauguró la Galería Julio Larramendi en el Hotel Conde de Villanueva, en la Habana Vieja.

Ha presentado exposiciones personales en varias ciudades de Cuba, México, Suecia, España, Costa Rica, Andorra, Argentina, Francia, Italia y EE.UU.

Exposiciones personales: 35
Exposiciones colectivas: 22

ORNAMENTOS (pág. 108)

MONUMENTOS Y TARJAS (pág. 128)

43. Casablanca. Municipio Habana del Este.
44. Casablanca. Municipio Habana del Este.
45. Capitolio Nacional. Paseo del Prado. Municipio Centro Habana.
46. Capitolio Nacional. Paseo del Prado. Municipio Centro Habana.
47. El Cetro de Oro. Calle Reina. Municipio Centro Habana.
48. Escudo de la ciudad. Portada lateral. Palacio de los Capitanes Generales. Plaza de Armas. Municipio Habana Vieja.
49. Casa de la Obra Pía. Calle Obrapía. Municipio Habana Vieja.
50. Callejón del Chorro. Plaza de la Catedral. Municipio Habana Vieja.
51. Capitolio Nacional. Paseo del Prado. Municipio Centro Habana.
52. Estación Central de Ferrocarriles. Municipio Habana Vieja.
53. Casa del Científico. Paseo del Prado. Municipio Centro Habana.
54. Capitolio Nacional. Paseo del Prado. Municipio Centro Habana.
55. Embajada de España. Municipio Habana Vieja.
56. Museo Internacional de Bellas Artes. Parque Central. Municipio Centro Habana.
57. Hotel Raquel. Esquina de Amargura y San Ignacio. Municipio Habana Vieja.
58. Edificio Bacardí. Calle Monserrate. Municipio Habana Vieja.
59. Museo Internacional de Bellas Artes. Parque Central. Municipio Centro Habana.
60. Base del antiguo monumento a Fernando VII. Plaza de Armas. Municipio Habana Vieja.
61. Academia de Ciencias. Calle Cuba. Municipio Habana Vieja.
62. Museo Internacional de Bellas Artes. Parque Central. Municipio Centro Habana.
63. Edificio López Serrano. Calle 13. El Vedado.
64. El Cetro de Oro. Calle Reina. Municipio Centro Habana.
65. Academia de Ciencias. Calle Cuba. Municipio Habana Vieja.
66. Museo Internacional de Bellas Artes. Parque Central. Municipio Centro Habana.
67. Restaurante D'Giovanni. Calle Tacón esquina a Empedrado. Municipio Habana Vieja.
68. Capitolio Nacional. Paseo del Prado. Municipio Centro Habana.
69. Esquina de Reina y Galiano. Municipio Centro Habana.
70. Iglesia de La Caridad. Esquina de Salud y Manrique. Municipio Centro Habana.
71. Iglesia del Santo Ángel Custodio. Calle Compostela. Municipio Habana Vieja.
72. Hotel Nacional. El Vedado.
73. Hotel Nacional. El Vedado.
74. Hotel Nacional. El Vedado.
75. Pueblo de Regla.
76. Calle Reina. Municipio Centro Habana.
77. La Tropical. Municipio Playa.
78. Calle Reina. Municipio Centro Habana.
79. El Templete. Plaza de Armas. Municipio Habana Vieja.
80. Calle Reina. Municipio Centro Habana.
81. Calle Reina. Municipio Centro Habana.
82. Hotel Inglaterra. Parque Central. Municipio Centro Habana.
83. Esquina de Aranguren y Martí. Regla.
84. Teatro Céspedes. Regla.
85. Esquina de San Juan de Dios y Habana. Municipio Habana Vieja.

1. Tarja a María Cepero. Museo de los Capitanes Generales. Plaza de Armas. Municipio Habana Vieja.
2. Monumento a José Martí. Plaza de la Revolución.
3. Monumento a José Martí. Tribuna Antimperialista. El Vedado.
4. Monumento a José Martí. Parque Central. Municipio Centro Habana.
5. Monumento a Hasekura Tsunenaga. Avenida del Puerto. Municipio Habana Vieja.
6. Monumento a Hasekura Tsunenaga. Avenida del Puerto. Municipio Habana Vieja.
7. Monumento a Hasekura Tsunenaga. Avenida del Puerto. Municipio Habana Vieja.
8. Monumento a Pierre Le Moyne d'Iberville. Avenida del Puerto. Municipio Habana Vieja.
9. Monumento a Pierre Le Moyne d'Iberville. Avenida del Puerto. Municipio Habana Vieja.
10. Monumento a Julio Sanguily. Capitolio Nacional. Paseo del Prado. Municipio Centro Habana.
11. Monumento a Cristóbal Colón. Museo de los Capitanes Generales. Plaza de Armas. Municipio Habana Vieja.
12. Monumento a Don Miguel de Cervantes. Parque San Juan de Dios. Municipio Habana Vieja.
13. Monumento a Ernest Hemingway. Cojímar. Municipio Habana del Este.
14. Carlos III. Museo de los Capitanes Generales. Plaza de Armas. Municipio Habana Vieja.
15. Fernando VII. Plaza de Armas. Municipio Habana Vieja.
16. Monumento al Conde de Pozos Dulces. Calle Línea. El Vedado.
17. Monumento a Abraham Lincoln. El Vedado.
18. Monumento a Don Francisco de Albear. Parque Albear. Municipio Habana Vieja.
19. Monumento a Simón Bolívar. Calle Mercaderes. Municipio Habana Vieja.
20. Monumento a Julio Antonio Mella. Plaza de la Universidad de La Habana. El Vedado.
21. Monumento a Ernesto "Che" Guevara. Palacio de Pioneros. Parque Lenin. Municipio Arroyo Naranjo.
22. Monumento a Mariana Grajales. Calle 23. El Vedado.
23. Monumento a Juan Clemente Zenea. Paseo del Prado. Municipio Centro Habana.
24. Monumento a la Madre Teresa de Calcuta. Jardín Madre Teresa. Plaza de San Francisco. Municipio Habana Vieja.
25. Monumento a la Madre Teresa de Calcuta. Jardín Madre Teresa. Plaza de San Francisco. Municipio Habana Vieja.
26. Monumento a John Lennon. Calle 17. El Vedado.
27. Monumento a John Lennon. Calle 17. El Vedado.
28. Monumento a El Quijote. Calle 23. El Vedado.
29. Monumento a El Quijote. Calle 23. El Vedado.
30. Monumento a El Quijote. Calle 23. El Vedado.
31. Monumento a El Quijote. Calle 23. El Vedado.
32. Monumento a El Quijote. Calle 23. El Vedado.
33. Monumento a El Quijote. Calle 23. El Vedado.
34. Tarja del monumento a Calixto García. Avenida de los Presidentes. El Vedado.
35. Tarja en la Fundación Alejo Carpentier. Municipio Habana Vieja.
36. Tarja al Dr. Julio de Cárdenas y Rodríguez. Calle San Juan de Dios. Municipio Habana Vieja.
37. Tarja en el Convento de San Francisco de Asís. Plaza de San Francisco. Municipio Habana Vieja.
38. Tarja del monumento a José de la Luz y Caballero. Avenida del Puerto. Municipio Habana Vieja.
39. Osario. Cementerio Viejo de Guanabacoa.
40. Tarja en el Museo de Guanabacoa.
41. Tarja a Don Nicolás Estévanez. Acera del Louvre. Parque Central. Municipio Centro Habana.
42. Tarja en el monumento A la Memoria de los Chinos que Combatieron por la Independencia de Cuba. Calle Línea. El Vedado.

43. Tarja de La Habana Intramuros en las antiguas murallas. Calle Egido. Municipio Habana Vieja.
44. Tarja al Dr. Jorge Ramón Cuevas. Casa Humboldt. Calle Muralla esquina Oficios Municipio Habana Vieja.
45. Tarja en la Casa Natal de José Martí. Calle Paula. Municipio Habana Vieja.

PIES Y MANOS (pág. 144)

1. Monumento a Calixto García. Avenida de los Presidentes. El Vedado.
2. Capitolio Nacional. Paseo del Prado. Municipio Centro Habana.
3. Monumento El Legado Cultural Hispánico. Calle Ayestarán y 20 de Mayo. Cerro.
4. Monumento a El Quijote. Calle 23 y J. El Vedado.
5. Monumento a M. Valle. Hospital Salvador Allende. Calzada del Cerro.
6. Fuente de Las Américas. 5ta. Avenida. Miramar.
7. Monumento a M. Valle. Hospital Salvador Allende. Calzada del Cerro.
8. Madre Teresa de Calcuta. Plaza de San Francisco. Municipio Habana Vieja.
9. Museo de Artes Decorativas. Calle 17 y E. El Vedado.
10. Monumento a José de la Luz y Caballero. Avenida del Puerto. Municipio Habana Vieja.
11. Alma Mater. Universidad de La Habana. El Vedado.
12. Cristo de La Habana. Casablanca. Municipio Habana del Este.
13. Monumento a Simón Bolívar. Calle Mercaderes. Municipio Habana Vieja.
14. Jardín Madre Teresa de Calcuta. Plaza de San Francisco. Municipio Habana Vieja.
15. Monumento a El Quijote. Calle 23 y J. El Vedado.
16. La Bailarina Española. Hotel Inglaterra. Parque Central. Municipio Centro Habana.
17. Monumento a Don Miguel de Cervantes. Parque San Juan de Dios. Municipio Habana Vieja.
18. Monumento a José de la Luz y Caballero. Avenida del Puerto. Municipio Habana Vieja.
19. Monumento a Hasekura Tsunenaga. Avenida del Puerto. Municipio Habana Vieja.
20. Monumento a Calixto García. Avenida de los Presidentes. El Vedado.
21. Casa del rodaje de la película *Fresa y Chocolate*. Calle Concordia. Municipio Centro Habana.
22. Zapatos del antiguo monumento a Don Tomás Estrada Palma. Avenida de los Presidentes. El Vedado.
23. Monumento a M. Valle. Hospital Salvador Allende. Calzada del Cerro.
24. Cristo de La Habana. Casablanca. Municipio Habana del Este.
25. Monumento El Legado Cultural Hispánico. Calle Ayestarán y 20 de Mayo. Cerro.

ESCULTURAS (pág. 150)

1. Monumento El Legado Cultural Hispánico. Calle Ayestarán y 20 de Mayo. Cerro.
2. Palacio de Balboa. Calle Egido. Municipio Habana Vieja.
3. Capitolio Nacional. Paseo del Prado. Municipio Centro Habana.
4. Capitolio Nacional. Paseo del Prado. Municipio Centro Habana.
5. El Ángel Rebelde. Capitolio Nacional. Paseo del Prado. Municipio Centro Habana.

EL TIEMPO (pág. 166)

RELIGIÓN (pág. 174)

CEMENTERIO (pág. 186)

Y después de pasarla muy bien,
una simple pausa y un saludo de los tres.

Cámara fotográfica de cajón por Alberto Pagés.